1. 이 책의 꽃과 나비는 자로 재어 보며 관찰한 것을 바탕으로, 실제 크기대로 그렸습니다.
   그러나 환경에 따라 같은 종류의 꽃이라도 색깔이나 크기가 조금씩 다르며,
   나비의 경우에도 날개의 무늬와 크기가 조금씩 다르기도 합니다.

2. 97종의 나비 250여 마리와 꽃 160종, 나방을 포함한 곤충 39종을 그렸습니다.
   나비는 날개 윗면과 아랫면이 다르고, 종에 따라 암컷과 수컷이 많이 다른 것도 있습니다.
   그래서 비교적 암수의 구분이 쉬운 나비들은 암컷(♀), 수컷(♂)을 표시했습니다.

3. 일부 재구성해서 그린 나비도 있습니다. 힘차게 날아다니는 나비들을 보면서도
   가까이서 관찰할 수 없었던 것들은 같은 종의 나비 사진을 바탕으로 도감을 참고하거나,
   집 가까이에 있는 구리시 곤충생태관에서 나비 표본을 참고로 재구성해서 그렸습니다.

4. 본문의 날짜는 지역이나 기온에 따라 조금 다를 수도 있습니다. 경기 지역을 중심으로
   꽃이 한창 피는 때를 기준했지만 지방에 따라 차이가 있을 수 있으며, 다음 해 같은 날
   같은 곳에 갔을 때 이미 꽃이 지고 없는 경우처럼 기온에 따라 조금씩 차이가 있을 수 있습니다.

숲에 가려져 어둡던 산골짜기에 잠시 따뜻한 햇볕이 듭니다.
넓은 골짜기에서 족도리풀을 찾지 못할까 걱정했지만,
올해도 어김없이 애호랑나비는 족도리풀을 찾아와 아름다운 알을 낳았습니다.

세밀화로 보는
꽃과 나비

글·그림 권혁도

길벗어린이

호랑나비

봄

얼음이 녹아 계곡물 흐르는 소리가 들리면 생강나무가
잠을 깨. 봄이 오면 지난 여름부터 낙엽 밑에서 번데기로
숨어 있다가 날개돋이를 한 애호랑나비가 가장 먼저
진달래꽃을 찾아온단다.
이른 봄에 볼 수 있는 나비들은 찬 서리와 눈 속에서
겨울잠을 자고 나온 나비들이거나 번데기 속에서 봄을
기다리다가 갓 나온 나비들이야.
봄은 보이지 않게 천천히 모든 생명들을 깨어나게 해.

생강나무

새싹들이 삐죽삐죽 고개를 내미는 봄이야. 긴 겨울을 견뎌낸 알 속에서 애벌레가 깨어날 준비를 하고, 번데기 속에서 나비가 날개돋이를 준비해. 낙엽이나 덤불 속에서 겨울잠을 자던 나비들도 하나둘 밖으로 나와. 이 모두가 따뜻한 햇볕 덕분이야.
하지만 아직 쌀쌀해서 나비들은 잘 날지 못해. 그래서 지금 들신선나비가 날개를 펴고 열심히 햇볕을 쬐며 몸이 따뜻해지기를 기다리고 있는 거야. 나비는 스스로 체온을 유지하지 못하고 바깥 온도에 따라 체온이 변하는 변온동물이기 때문에 추우면 활발하게 움직이지 못해.
- 3월 26일

청띠신선나비는 경계심이 많아서 높은 곳이나 주변이 훤히 내려다보이는 바위 위에 앉기를 좋아해. 날개를 펴고 햇볕을 쬐다가도 인기척이 나면 아주 재빠르게 날아가 버려. 하지만 조용히 기다리고 있으면 다시 그 자리로 돌아온단다.

그림 속에서 뿔나비를 찾아볼래? 뿔나비는 날개 색과 비슷한 마른 풀잎이나 낙엽 주변에 앉아 자기 모습을 숨겨. 이렇게 나비들의 행동이나 생김새를 찬찬히 살펴보면 참 재미있어.

- 4월 2일

청띠신선나비

고깔제비꽃

처녀치마

산기슭 계곡 주변이야. 그늘에 가려져서 어둡던 나무 밑에도
나뭇잎보다 먼저 앞다퉈 많은 꽃들이 피어났어.
봄을 기다리던 산제비나비가 번데기에서 막 날개돋이를 했어.
산제비나비는 쭈글쭈글 구겨졌던 젖은 날개를 봄바람에 말리며
날아다닐 준비를 하고 있지.

- 4월 11일

호박벌
애호랑나비
산네발나비
산초나무
산제비나비

진달래꽃에 이어 철쭉꽃이 활짝 피면, 뒤따라 붉은병꽃나무도
예쁜 꽃을 피워. 나비들에게는 이렇게 뒤이어 피어나는 꽃들이
고마울 뿐이야. 나비들은 꽃을 옮겨 다니면서 맛있는 꿀도 먹고
짝을 찾느라고 일생에서 가장 바쁜 때를 보내고 있어.
호랑나비를 볼래? 일찌감치 짝짓기를 마친 호랑나비 암컷은
산초나무 새잎에 알을 낳고 있어.
- 4월 17일

제비나비(우)
꿀벌
붉은병꽃나무
철쭉
검정황나꼬리박각시
호랑나비(우)
산초나무
별박이세줄나비 애벌레

산 가장자리는 나비들이 가장 많이 찾는 곳이야. 양지바른 산소 주변에서 꾸불꾸불한 밭두렁까지, 햇볕을 좋아하는 키 작은 풀꽃들이 많이 피어 있기 때문이야.
보일 듯 말 듯 작은 구슬붕이도 지나가는 나비들이 모두 한번쯤 들렀다 가는 꽃이야.
대롱대롱 매달린 멧팔랑나비 때문에 가냘픈 제비꽃은 허리가 휘었어.

- 4월 19일

성표
호랑나비(♂)
호랑나비(우)

뒤따라가는 것이 수컷이야.
호랑나비 성표는 뒷날개 위에 있는 검은 점이야.
여름형 호랑나비는 성표가 더 크고 뚜렷해.

멧팔랑나비(우)

암먹부전나비(우)

산복숭아

꿀벌

땅은 참 많은 생명을 품고 있어. 마른 풀잎 밑에서 셀 수 없이 많은 풀들이 올라와
꽃을 피우기 때문에 나비들도 살아갈 수 있는 거야.
수컷들은 오전에 부지런히 꿀을 먹고 배가 부르면 오후에는 열심히 암컷을 찾아다녀.
수컷이라고 모두 성표가 있는 것은 아니야. 꼬리명주나비처럼 암컷과 전혀 다르게
보이는 수컷도 있고, 갈구리나비처럼 앞날개 끝 색깔만 조금 다른 수컷도 있어.
무덤가에 많이 피는 할미꽃에는 슬픈 전설이 전해져. 옛날 옛적 고개 너머 사는
막내딸을 찾아가던 할머니가 쓰러져 세상을 떠났는데, 그 자리에 이 꽃이 피어났대.
할머니 허리처럼 구부러진 데다가 꽃이 지면 씨앗도 흰머리 같아 할미꽃이라 불렀대.

- 4월 20일

나비는 아무 곳에나 알을 낳지 않고, 애벌레가 먹고 자라는 식물에 알을 낳아.
환삼덩굴에 알을 낳는 네발나비가 이제 막 올라온 작은 새싹에 보석 같은 알을 두 개 낳았어.

네발나비는 이렇게 작은 새싹이 환삼덩굴인지 어떻게 알았을까?

나비는 더듬이로 냄새를 맡고, 앞다리로 맛을 느낄 수 있기 때문에 좋아하는 꽃이나 식물을 찾을 수 있단다.

나비는 원래 다리가 여섯 개야. 그런데 네발나비는 앞다리 두 개를 잘 쓰지 않아서 흔적처럼 아주 작아졌어. 그래서 다리가 네 개만 보여. 네발나비과에 속하는 나비들은 많이 있어. 앞날개 끝이 유리창처럼 보이는 유리창나비도 네발나비과 나비야.

– 4월 23일

푸른부전나비(♂)

푸른부전나비(우)

작은주홍부전나비

칠성무당벌레

환삼덩굴

네발나비

아지랑이 아른거리는 밭두렁 위를 노랑나비 한 쌍이 분주하게 날아다녀.
봄이 왔다며 아직도 잠자고 있는 작은 풀꽃을 깨우는 거야. 바닥에 엎드려서
겨울 바람을 이겨낸 봄맞이꽃도 보일 듯 말 듯 작은 꽃을 피웠어.
가느다란 꽃대가 가벼운 바람에도 파르르 떨리지만 그래도 봄바람은 즐겁기만 해.
꽃다지와 냉이는 비슷해 보여. 하지만 노란 꽃은 꽃다지고 흰 꽃은 냉이야.
둥근 잎은 꽃다지, 톱니 같은 잎은 냉이지. 잘 보면 씨앗 주머니도 다르게 생겼어.
- 4월 25일

대롱대롱 매달린 금낭화 꽃에서 맑고 맑은 방울 소리가
들리는 것 같아. 수줍은 듯 고개 숙인 시골처녀나비 한 쌍을
짓궂은 바람이 흔들고 가지만, 그래도 나비들은 즐거워 보여.
산들바람에 금낭화 꽃대가 출렁거리면 방울 소리도 바람을
따라 들판에 퍼져 나갈 거야.
오월은 어딜 가나 꽃과 나비 세상이야.
- 5월 5일

시골처녀나비

금낭화

남방노랑나비

쑥

산딸기나무에 희고 작은 꽃이 피었어. 향기마저 잔잔해서 사람들의 관심을 끌지는 못하지만, 여러 나비들이 즐겨 찾는 꽃이야.

산딸기나무가 자라는 산 가장자리 주변은 제비나비처럼 산에서 날아오는 나비와 큰줄흰나비처럼 들에서 날아오는 나비들이 모두 모여드는 곳이야.

산딸기나무에는 가시가 있기 때문에 다른 동물들이 좀처럼 가까이 오지 않아. 그래서 쌍살벌은 산딸기나무 가지에 집 짓기를 좋아해. 산딸기를 따 먹을 때에는 벌집이 있는지 잘 살펴봐야 해.

- 5월 16일

제비나비(♂)

거꾸로여덟팔나비

찔레꽃 진한 향기에 곤충들이 모여들었어. 찔레꽃 주위는 언제나 붕붕대는 풍뎅이와 벌 소리로 시끄럽고, 짝을 찾아 날아드는 꽃하늘소와 꽃무지들로 분주해. 그런데 거꾸로여덟팔나비는 찔레꽃을 좋아하지 않는지 그냥 지나쳐 가.

꽃 중에는 재미난 이름 때문에 한 번만 들어도 기억에 남는 것들이 많아.
애기똥풀은 줄기에서 나오는 노란 물이 애기 똥색 같다고 해서 붙여진 이름이야.
붓꽃은 열리기 전 꽃봉오리가 뾰족한 붓끝처럼 생겼다고 해서 붙여졌어.
처녀치마, 초롱꽃도 꽃 모양에 따라 이름을 붙였단다.
- 5월 22일

빨간 뱀딸기 열매가 탐스럽게 열렸어. 맛이 어떨까 싶지만
보기만큼 맛은 없어. 그래도 먹을 게 귀한 시절에는
아이들에게 맛있는 간식이었단다. 뱀이 지나다닐 만한 곳에서
자란다고 해서 뱀딸기라고 부른대.

모시나비는 고운 이름만큼 고운 날개를 가진 나비야. 그런데
짝짓기를 할 때는 전혀 다른 모습이란다. 짝짓기를 하는 중에
냄새를 맡고 날아온 또 다른 수컷이 암컷을 빼앗으려고
달려들고 있어. 다른 동물들처럼 나비들도 자신의 종족을
번식하기 위해 종종 이렇게 힘겨운 싸움을 해.

모시나비 수컷은 짝짓기가 끝나면 암컷의 배 끝에다 수태낭을
붙여. 수태낭은 다른 수컷이 와서 짝짓기를 할 수 없도록
막아 놓은 주머니 같은 것인데, 모시나비, 붉은점모시나비,
애호랑나비 암컷에서 볼 수 있지.

- 5월 23일

애기나리

산호랑나비

모시나비(♂)

모시나비(♂)

(우)

풀밭 위를 맨발로 걸어본 적 있니? 촉촉하고 부드러운 풀잎에 닿으면 기분이 좋아.
하지만 발밑을 조심해야 돼. 무심코 밟는 질경이나 쑥, 토끼풀에도 나비 알과
알에서 깨어난 애벌레들이 살고 있어. 이렇게 우리 눈에 잘 띄지 않는 곳에도
작지만 소중한 생명이 자라고 있단다.
행운을 가져다준다는 네잎클로버는 토끼풀이야. 네잎클로버를 찾을 때는 풀잎을
꼼꼼히 살펴봐. 혹시 노랑나비 알이나 애벌레를 찾는다면 더 큰 행운이 올 거야.
- 5월 25일

작은주홍부전나비

토끼풀

봄어리표범나비(우)

노랑나비

뚝새풀

질경이

벼룩이자리　푸른부전나비(♂)

먹부전나비(♂)

제비나비(♂)

여름

마음껏 자라난 풀들이 숲을 이루는 여름이야.
숨 막히게 무더운 여름 한가운데서도 칡꽃은
뜨겁게 피고, 여름형 제비나비는 더욱 힘차게
날아다니지.
여름은 곤충들에게 숨을 곳도 많고 먹을 것도 많은
신나는 계절이란다. 조금만 관심을 기울이면
풀잎에서 알이나 애벌레도 찾을 수 있을 거야.

짝짓기를 끝낸 큰줄흰나비 암컷에게 수컷이 달려들었어. 그러자 암컷은 꽁무니를 치켜세우고 수컷을 피해. 이미 짝짓기를 끝냈으니 더 이상 다가오지 말라는 뜻이야. 흰나비과 암컷들이 꽁무니를 치켜세우며 짝짓기를 거부하는 모습은 흔히 볼 수 있어.
- 6월 7일

개망초는 어디서나 잘 자라고 금방 퍼지기 때문에 농부들에게 아주 귀찮은 꽃이야.
밭에 한번 퍼지면 농사를 망치거든. 하지만 곤충들에게는 더없이 소중한 꽃이란다.
겨울이 올 때까지 계속 피고 지며 꽃가루와 꿀을 나누어 주니까 말이야.
잠깐 사이 하얀 개망초 꽃으로 가득 찬 빈터에 흰나비들이 무리 지어 날아올라.
하늘 높이 오르다 가물가물 사라지는 흰나비들은 흥겹게 춤을 추는 것 같아.
하지만 사실은 서로 암컷을 차지하려고 수컷들이 힘겨운 경쟁을 벌이는 거란다.
- 6월 15일

풀꽃들도 저마다 살아가는 지혜와 방법이 있단다. 엉겅퀴는
멀리서도 곤충들이 잘 볼 수 있게 다른 풀꽃보다 높게 자라고,
눈에 잘 띄는 화려한 색으로 꽃을 피워.
엉겅퀴 잎에는 바늘같이 뾰족한 침이 있고, 고삼 잎에는 쓰디쓴
독성이 있어서 동물들이 함부로 뜯어 먹지 못해. 이렇게 풀꽃들은
자신을 지키는 비밀을 갖고 있어.

- 6월 18일

나비들이 꽃에서 꿀만 먹고 사는 것은 아니야. 흙 속에서 필요한 영양분을 빨아 먹기도 하고, 더운 날은 시원한 물을 마시며 몸을 식히기도 해. 나비들은 썩은 과일도 좋아해. 그뿐 아니라 똥이나 죽은 동물의 몸에서 필요한 영양분을 얻기도 하지.

들판에 나가면 젖은 땅에서 무리지어 물을 빨아 먹는 호랑나비, 뿔나비, 제비나비들을 어렵지 않게 볼 수 있어.

죽은 지렁이를 빨아 먹고 있는 줄나비

개똥을 빨아 먹고 있는 네발나비

물을 마시고 내보내며 몸을 식히고 있는 황세줄나비(♂)

물을 마시고 있는 긴꼬리제비나비(♂)

우리 주변에는 환경의 변화로 점차 사라져 가는 나비들이 많아.
기린초 꽃을 좋아하고 기린초 잎에 알을 낳는 붉은점모시나비도
이젠 쉽게 볼 수 없는 귀한 나비야.
- 6월 25일

작은홍띠점박이푸른부전나비

기린초

붉은점모시나비

사향제비나비

초롱꽃

나비들이 다 좋아하는 까치수염에 작고 깜찍한 나방이 날아왔어. 누구나 나비인 줄 알지만 사실은 뿔나비를 닮은 뿔나비나방이야. 대부분 나방은 밤에 활동하지만, 뿔나비나방처럼 낮에 활동하는 것도 있어.
비슷해 보이지만 나비와 나방은 달라. 나비의 더듬이는 면봉처럼 끝이 둥글지만, 나방의 더듬이는 바늘처럼 끝이 가늘거나 새의 깃털 모양이야. 나방은 몸이 뚱뚱해서 나비처럼 오래 날지도 못하고 살짝 만져도 날개 가루가 쉽게 떨어져. 나방은 밝은 햇빛을 싫어하기 때문에 낮에는 주로 날개를 쫙 펴고 나뭇잎 밑에 붙어 있어.

- 7월 6일

자귀나무 꽃이 필 무렵이면 우리 주변에서 볼 수 있는 가장 큰 나비들이 날아와. 바로 여름형 제비나비와 산호랑나비야. 봄에 낳은 작은 알에서 깨어난 애벌레가 새잎을 배불리 먹고 자라서 번데기가 되었다가 여름에 우화한 것들이야.

번데기에서 날개돋이하여 나비가 되는 것을 우화라고 해. 일부 나비는 우화하는 시기에 따라 봄형, 여름형, 가을형으로 나뉘는데, 같은 나비라도 날개 색이나 크기가 다르기도 해. 대개 봄형보다 여름형 나비가 커.

- 7월 11일

제비나비(우)

밤에 피는 달맞이꽃은 달빛 아래서 더 예쁘기 때문에 달맞이꽃이라고 불러.
나무처럼 뻣뻣하게 어른 키만큼 자라기도 해.
꼬리조팝나무 꽃은 여름내 논두렁, 밭두렁 어디서나 볼 수 있어. 구슬처럼
동글동글한 꽃망울도 예쁘지만, 꽃이 활짝 피면 복슬복슬한 다람쥐꼬리
같다고 꼬리조팝나무라고 불러. 나비뿐만 아니라 벌, 꽃등에, 풍뎅이,
꽃하늘소들이 잔뜩 모여들어서 주변은 항상 시끌벅적해.
- 7월 20일

호랑나비와 단짝인 참나리는 시골집 마당이나 산과 들에서 흔히 볼 수 있는 여름 꽃이야. 큼직한 꽃이 무거운지 비스듬하게 누웠어.
잎사귀마다 달려 있는 콩알만 한 게 보이니? 이것을 주아라고 부르는데, 주아는 구슬처럼 생긴 새싹이야. 참나리는 꽃도 피고 열매도 맺지만, 주아가 씨앗을 대신해서 땅에 떨어져 번식해. 떨어지기도 전에 벌써 삐쭉삐쭉 흰 뿌리를 내민 것도 있어.
나무를 감고 올라간 쥐방울덩굴에서 애벌레들을 찾아볼래? 징그럽다고? 그래도 머지않아 예쁜 나비가 될 것들이야. 새에게 잡아먹히지 않으려고 맛없고 징그러운 척 눈속임하는 것이란다.
꼬리명주나비와 사향제비나비 같은 호랑나비과 애벌레들은 살기 위해서 위급할 때면 감춰 둔 뿔을 내밀어 고약한 냄새를 풍겨.

- 7월 27일

남방부전나비(우)

사마귀 애벌레

주아

호랑나비

참나리

우리가 여름 방학을 보내며 더위를 피해 몸을 쉬는 것처럼, 나비 중에도
무더운 여름이면 시원한 그늘에서 움직이지 않고 여름잠을 자는 것들이 있어.
잎사귀 밑에 매달려 있는 각시멧노랑나비와 암고운부전나비가 보이니?
지금 여름잠을 자고 있는 거야. 이 밖에도 뿔나비와 대부분의 표범나비들이
여름잠을 잔단다.
- 8월 2일

도라지
암먹부전나비
큰멋쟁이나비
참취
굴뚝나비(우)
애기세줄나비 애벌레

나비들 가운데 꽃보다 나무 수액을 더 좋아하는 것들도 있어.
주로 잡목이 우거진 숲을 힘차게 날아다니며 산에서 생활하기
때문에 가까이에서 관찰하기 어려운 나비들이야.
때로는 자리다툼이 벌어지기도 하는데, 역시 덩치 큰
왕오색나비가 좋은 자리를 차지해. 밤이 되면 이 자리는
사슴벌레나 장수풍뎅이들 차지가 되지.
- 8월 10일

대왕나비(♂)

흑백알락나비

은날개녹색부전나비(♂)

조록싸리

누리장나무

풀밭에 있던 사마귀가 먹잇감을 찾아서 싸리나무 위까지 올라왔어. 싸리나무 꽃에는 많은 나비들이 날아와서 꿀도 빨아 먹고 알도 낳아. 벌과 풍뎅이도 많이 날아와. 그래서 이들을 잡아먹고 사는 천적들도 자연스럽게 모여든단다. 잎사귀를 스치기만 해도 누린내가 나는 누리장나무의 꽃은 제비나비들이 무척 좋아해. 누리장나무에서 기다리면 틀림없이 제비나비들을 만날 수 있어. 제비나비를 잘 살펴봐. 배에 붉은 점이 있으면 사향제비나비이고, 뒷날개가 꼬리처럼 길면 긴꼬리제비나비야.

- 8월 15일

여름은 풀들이 마음껏 자라서 숲을 이루는 계절이야. 그래서 풀숲에는 먹을 것도, 알을 낳을 곳도, 애벌레가 숨을 곳도 많아. 아마 풀 속에서 알과 애벌레, 번데기를 쉽게 찾을 수 있을 거야.

들판에 나가면 박하 잎을 따서 냄새를 맡거나 맛을 보렴. 화한 박하 향에 온몸이 상쾌해질 거야. 작은멋쟁이나비가 먹고 있는 박하 꿀은 꿀맛일까, 박하맛일까?

- 8월 25일

큰엉겅퀴는 풀꽃 중에서 가장 키가 커. 동화 속 키다리 아저씨처럼 우두커니 서서
하루 종일 키 작은 풀꽃들만 내려다보는 것 같아. 고개 숙이고 서 있는 모습
때문인지 '고독한 사람'이라는 꽃말이 붙었어.
굴뚝처럼 시커먼 굴뚝나비지만, 큰엉겅퀴 꽃이랑 함께 있는 모습이 제법 잘 어울려.
- 8월 30일

노란띠좀잠자리

가을

여름잠에서 깨어난 암고운부전나비와 은점표범나비가
코스모스 꽃에 꿀을 얻으러 왔어.
가을은 풍성한 계절이야. 하지만 깊어갈수록 점점
쓸쓸해지는 계절이기도 해. 나비들은 일생을 마치거나
알과 애벌레와 번데기로, 또는 지금의 모습으로 겨울을 날
준비를 하지.

고운점박이푸른부전나비(우)

짝짓기를 하려고 끈질기게 암컷 꽁무니를 따라다니고 있는 네발나비는 주변에서 가장 흔하게 볼 수 있는 나비야. 애벌레가 먹고 자라는 환삼덩굴이 어디든 있기 때문이지. 환삼덩굴을 잘 살펴봐. 우산 같은 집을 짓고 애벌레가 숨어 있어. 주변을 더 꼼꼼히 살펴보면 거꾸로 매달린 번데기도 찾을 수 있을 거야.

- 9월 5일

물봉선은 늦은 여름부터 산과 들, 물가에 가득히 모여서 피어. 화단에서 기르는 봉선화를 닮은 데다가 물가에서 자라기 때문에 물봉선이라고 해. 열매는 살짝만 건드려도 툭 터져서 씨앗이 사방으로 흩어지지. 그래서 '나를 건드리지 마세요.' 라는 꽃말이 생겼어.

물봉선은 꿀을 주머니 속에 깊숙이 숨겨 두었어. 그래도 입이 긴 제비나비는 쉽게 꿀을 먹을 수 있지만, 입이 짧은 어리호박벌은 밖에서 꿀주머니 속에 입을 찔러 넣고 꿀을 빼 먹어. 입이 아주 긴 꼬리박각시는 꽃에 발끝 하나 대지 않고 공중에서 정지 비행을 하며 빨대 같은 긴 입으로 꿀만 빨아 먹어.

- 9월 10일

노랑물봉선

긴꼬리제비나비

산제비나비(우)

개여뀌

여름잠을 자고 나온 뿔나비와 각시멧노랑나비가 가을을 맞아 더욱 기운차 보여. 네발나비도 밝고 산뜻한 모습으로 새롭게 태어났어. 이렇게 가을에 우화하는 나비를 가을형 나비라고 해. 겨울이 오면 이 나비들은 낙엽처럼 위장하고 낙엽이나 덤불 속에서 겨울잠을 잔단다.
- 9월 15일

그늘나비들은 그늘진 숲에서 살아. 뱀눈그늘나비는 밝은 들판에 나가면 오래 머물지 못하고 다시 숲으로 돌아와야 해. 어두운 날개 색 때문에 햇볕을 받으면 몸이 빨리 더워지거든.

대나무 숲에서 사는 바둑돌부전나비는 진딧물을 먹고 사는 육식성 나비야. 진딧물이 있는 대나무 잎에 알을 낳으면 알에서 애벌레가 나와 진딧물을 먹고 자라. 나비가 되면 진딧물 꽁무니에서 나오는 단물을 먹고 산단다.

- 9월 25일

골등골나물
황알락그늘나비
산박하
뱀눈그늘나비
잔대
며느리밥풀

나뭇잎이 조금씩 단풍으로 물들기 시작했어. 하지만 산초나무 잎에는
아직 다 자라지 못한 호랑나비와 제비나비 애벌레들이 숨어 있어.
겨울이 오기 전에 애벌레는 무사히 번데기가 되어야 하는데,
가을은 기다려 주지 않고 날씨는 점점 더 추워져. 낙엽이 지면
애벌레들은 먹을 것이 없어 굶어 죽고 말 거야.

– 10월 7일

긴 장마철 비바람과 불 같은 여름 태양을 이겨 내고
늦가을에 피는 꽃들은 향기가 짙거나 색이 강렬해.
용담은 뿌리가 아주 쓰기 때문에 '용의 쓸개'라는 뜻을
담아 이름 붙였어.
가을이 깊어갈수록 들녘 가득 쑥부쟁이가 활짝 피어나.
풀벌레 소리가 울려 퍼지는 달 밝은 밤이면 쑥부쟁이도
더욱 아름답게 빛이 나지.
- 10월 20일

여름내 서로 키를 재며 높게 자라던 풀들이 이제는 조용히 누워 버렸어. 들판에 가득히 피었던 꽃들이 사라지고 나니, 산국과 꽃향유가 기다렸다는 듯이 점점 더 짙은 향기를 자랑해. 산국과 꽃향유 주변은 몰려드는 나비들과 붕붕대는 벌, 풍뎅이로 시장처럼 왁자지껄해. 하지만 곧 추운 겨울이 올 것이라고 생각하니 나비들의 모습이 쓸쓸해 보여.

- 11월 2일

겨울

늦은 가을까지 꿋꿋하게 꽃을 피우던 산국과 꽃향유도 겨울 앞에서는 더 이상 버티지 못하고 마른 풀잎으로 변해 버렸어. 멀리 네발나비 한 마리가 숨을 곳을 찾아서 날아가고 있어. 머지않아 서리 내리고 눈 내리면 꽃과 나비는 구석구석 어디에선가 조용히 봄을 기다릴 수밖에 없지.

왕사마귀알집

서리가 하얗게 내리면 풀잎은 하루아침에 풀썩 주저앉고 말아. 이때부터 모든
생명체들의 힘든 겨우살이가 시작된단다. 땅 속에서 올라오는 수증기는 서릿발이 되어
작은 흙덩이를 밀어 올리고, 풀잎에 맺힌 새벽안개는 하얗게 얼어 버렸어.
이렇게 주변이 꽁꽁 얼어붙어도 그 속에 꼼지락꼼지락 살아 있는 곤충들이 있어.
나뭇가지처럼 보이는 가는실잠자리와 온몸을 서리로 덮어쓴 남방노랑나비가 보이니?
빙하기에도 살아남은 곤충들은 사람이 살기 훨씬 전부터 이 땅에서 살아왔어.
곤충은 비록 작지만 사람보다 더 강한 생명력을 지녔단다.

- 12월 1일

마른 풀줄기에 붙어 있는 줄흰나비 번데기

팽나무 낙엽 속에 홍점알락나비 애벌레

떡갈나무 새눈 밑에
귤빛부전나비 알

진달래나무 가지 사이에
긴꼬리제비나비 번데기

벚나무 가지에
벚나무까마귀부전나비 알

산초나무 가지에
제비나비 번데기

쥐방울덩굴 주변에
꼬리명주나비 번데기

사향제비나비 번데기

눈이 수북이 쌓이면 배고픈 새들은 나뭇가지를 구석구석 뒤지고 다녀. 번데기들은 새를 피해 먹이식물 근처에 숨어 있단다. 산초나무 주변에는 호랑나비 번데기와 제비나비 번데기가 숨어 있고, 쥐방울덩굴 주변에는 꼬리명주나비와 사향제비나비 번데기가 숨어 있지.

- 1월 3일

고개를 내밀던 꽃다지와 냉이꽃이 꽃샘추위 찬바람에 화들짝 놀랐어.
겨울잠에서 일찍 깬 각시멧노랑나비도 마른 풀잎을 붙잡고 추워서
날지 못해. 뒤뚱뒤뚱 몸을 바로 하지만, 또다시 작은 회오리바람이
흙먼지를 굴리며 지나가. 그래도 싫지 않은 것은 바람 끝에 훈훈한 봄
냄새가 묻어오기 때문일 거야.
나비뿐만 아니라 풀꽃들에게도 겨울나기는 힘들어. 한해살이풀들은
씨앗으로 겨울을 나고, 여러해살이풀들은 가을부터 겨울 준비를 해.
뿌리 가까이에 방석처럼 뿌리잎을 펼쳐 놓고 땅 속 뿌리가 얼지 않도록
덮고 있다가 조금이라도 따뜻해지면 서로 먼저 줄기를 뽑아 올리며
꽃을 피운단다.
이제 곧 아지랑이가 아른거리고, 들판에는 작은 풀꽃들이 가득
피어나는 봄이 올 거야. 꽃은 잠자는 나비들을 부지런히 깨우고,
나비는 꽃을 재촉하며 날아다니겠지.
꽃과 나비는 이렇게 또다시 새로운 봄을 시작한단다.

- 2월 20일

찾아보기

꽃(160종)

가는잎쑥부쟁이	67
가락지나물	31
각시붓꽃	19
각시원추리	9, 51
갈퀴나물	57
강아지풀	63
개망초	36, 83
개미취	70
개별꽃	10
개불알풀	3
개쑥부쟁이	73
개여뀌	64
고깔제비꽃	8
고들빼기	35
고려엉겅퀴	71
고마리	65
고삼	38
골등골나물	68
곽향	65
광대나물	21
괭이눈	10
괭이밥	29
구슬붕이	14
금낭화	23
기린초	41
긴병꽃풀	29
까치수염	43
꼬리조팝나무	47
꽃다지	20, 83
꽃바지	21
꽃향유	75
꿀풀	34
꿩의바람꽃	10
나도송이	66
남산제비꽃	9
냉이	20, 83
노랑물봉선	64
노루귀	7
노루오줌	43
누룩치	65
누리장나무	53, 55
눈괴불주머니	71
달맞이꽃	46, 82
닭의장풀(달개비)	49
도깨비바늘	73
도꼬마리	77
도라지	50
도라지모싯대	69
돌콩	58
둥근이질풀	57
등골나물	69
뚝새풀	30
마타리	66
멍석딸기	35
메꽃	36
며느리밑씻개	63
며느리밥풀	68
며느리배꼽	66
무릇	49
물봉선	65
미국가막사리	71
미국쑥부쟁이	66
미역취	71
민들레	14
바위구절초	72
박주가리	63
박하	56
배암차즈기	83
뱀딸기	29
벋음씀바귀	31
벌개미취	66
배초향	59
벼룩나물	21
벼룩이자리	30
복수초	6
봄맞이꽃	21
붉은병꽃나무	12
붉은토끼풀	31
붓꽃	27
비수리	37
뽀리뱅이	22
사위질빵	47
산괴불주머니	19
산국	74
산딸기	25, 37
산박하	68
산복숭아	15
산부추	72
산자고	19
산초나무	11, 12, 70
새콩	57

새팥 ··· 58	졸방제비꽃 ··· 29	현호색 ··· 6, 10
생강나무 ··· 4	좁쌀풀 ··· 43	환삼덩굴 ··· 18, 62
솔나물 ··· 34	주름잎 ··· 21	황새냉이 ··· 22
솜나물 ··· 17	중의무릇 ··· 7, 9	흰민들레 ··· 29
솜방망이 ··· 17	쥐방울덩굴 ··· 49	흰씀바귀 ··· 22
쇠무릎 ··· 59	지느러미엉겅퀴 ··· 25	흰여뀌 ··· 65
신이대 ··· 69	지칭개 ··· 31, 82	흰제비꽃 ··· 16
싸리 ··· 54	진달래 ··· 5	
쑥 ··· 23, 31	진득찰 ··· 71	
씀바귀 ··· 22	질경이 ··· 30	

나비 (97종)

앉은부채 ··· 6	짚신나물 ··· 42	각시멧노랑나비 ··· 5, 37, 51, 67, 75, 82
애기나리 ··· 28	찔레꽃 ··· 26	갈구리나비 ··· 16, 22
애기똥풀 ··· 27	참나리 ··· 48	거꾸로여덟팔나비 ··· 24, 26, 33, 42
양지꽃 ··· 16	참취 ··· 50	고운점박이푸른부전나비 ··· 59, 60
얼레지 ··· 10	처녀치마 ··· 8	공작나비 ··· 42
엉겅퀴 ··· 38	철쭉 ··· 12	굴뚝나비 ··· 50, 58
오이풀 ··· 61	초롱꽃 ··· 41	굵은줄나비 ··· 47, 54
왕고들빼기 ··· 56	층층이꽃 ··· 57	귤빛부전나비 ··· 37, 80(알)
용담 ··· 72	칡 ··· 33, 51	기생나비 ··· 17, 57(번데기)
으아리 ··· 39	코스모스 ··· 61	긴꼬리제비나비 ··· 40, 55, 64, 70(애벌레), 80(번데기)
이고들빼기 ··· 72	큰괭이밥 ··· 9	
익모초 ··· 63	큰구슬붕이 ··· 17	까마귀부전나비 ··· 38
인동덩굴 ··· 34	큰엉겅퀴 ··· 58	꼬리명주나비 ··· 17, 49(알, 애벌레, 나비), 80(번데기)
자귀나무 ··· 44	타래난 ··· 35	
자귀풀 ··· 57	털중나리 ··· 39	꼬마흰점팔랑나비 ··· 29
잔대 ··· 68	털진득찰 ··· 58	남방노랑나비 ··· 23, 37(애벌레), 49, 73, 79
제비꽃 ··· 14, 16	토끼풀 ··· 30	남방부전나비 ··· 29, 48, 73, 75
조개나물 ··· 17	파리풀 ··· 59	네발나비 ··· 10, 14, 18, 40, 47, 58, 62 (애벌레, 집), 63(나비, 번데기), 65, 66, 74, 77
조록싸리 ··· 53	패랭이꽃 ··· 35	
조팝나무 ··· 13	피나물 ··· 9	노랑나비 ··· 14, 21, 27, 30, 35, 56, 57 (애벌레), 75
족도리풀 ··· 1, 9	할미꽃 ··· 17	

담색긴꼬리부전나비 ········ 52	세줄나비 ········ 29	줄점팔랑나비 ········ 63, 71, 73, 74
담색어리표범나비 ········ 35	쇳빛부전나비 ········ 5, 10	줄흰나비 ········ 19, 63, 78(번데기)
담흑부전나비 ········ 38	수노랑나비 ········ 7(애벌레), 52	청띠신선나비 ········ 8, 52
대만흰나비 ········ 21, 59, 71, 72	수풀떠들썩팔랑나비 ········ 36, 44	큰녹색부전나비 ········ 52
대왕나비 ········ 53	시골처녀나비 ········ 23	큰멋쟁이나비 ········ 33, 50
도시처녀나비 ········ 25	쌍꼬리부전나비 ········ 36	큰점박이푸른부전나비 ········ 46
돈무늬팔랑나비 ········ 34	암검은표범나비 ········ 69	큰주홍부전나비 ········ 62
들신선나비 ········ 6	암고운부전나비 ········ 51, 61	큰줄흰나비 ········ 13, 25, 35, 43, 49
먹부전나비 ········ 21, 30, 65, 70	암끝검은표범나비 ········ 55	큰표범나비 ········ 47
멧팔랑나비 ········ 14, 15	암먹부전나비 ········ 15, 29, 50, 57, 74	파리팔랑나비 ········ 59
모시나비 ········ 25, 27, 28, 31	암어리표범나비 ········ 39	푸른부전나비 ········ 18, 25, 30, 38, 54
물결나비 ········ 43, 51, 58	애기세줄나비 ········ 44, 51	풀흰나비 ········ 36, 73
물결부전나비 ········ 66	애물결나비 ········ 36	호랑나비 ········ 4, 12, 15, 47, 48, 54, 59, 61, 69, 70(애벌레)
바둑돌부전나비 ········ 69	애호랑나비 ········ 5, 9(알, 나비), 11	
배추흰나비 ········ 2, 29, 62, 65, 74	왕오색나비 ········ 52	홍점알락나비 ········ 52, 78(애벌레)
뱀눈그늘나비 ········ 43, 68	왕자팔랑나비 ········ 25	황세줄나비 ········ 40
범부전나비 ········ 13, 14	왕팔랑나비 ········ 35, 44, 54	황알락그늘나비 ········ 68
벚나무까마귀부전나비 ········ 80(알)	유리창나비 ········ 19	황알락팔랑나비 ········ 36, 46, 54
별박이세줄나비(애벌레) ········ 7, 12	유리창떠들썩팔랑나비 ········ 38	흑백알락나비 ········ 53
봄어리표범나비 ········ 30	은날개녹색부전나비 ········ 53	흰점팔랑나비 ········ 16
부전나비 ········ 35, 56, 57	은점표범나비 ········ 61	흰줄표범나비 ········ 37, 62
부처나비 ········ 52	은줄표범나비 ········ 42	
북방기생나비 ········ 56	작은멋쟁이나비 ········ 21, 25, 31(애벌레집), 36, 56, 62, 66, 75	## 나방·기타 곤충(39종)
붉은점모시나비 ········ 39, 41		
뿔나비 ········ 6, 9, 67	작은주홍부전나비 ········ 17, 18, 30, 67	가는실잠자리 ········ 79
사향제비나비 ········ 41, 44, 49, 54, 80(번데기)	작은홍띠점박이푸른부전나비 ········ 14, 20, 31, 41	검정꽃무지 ········ 26
산네발나비 ········ 7, 11, 70, 73	제비나비 ········ 12, 13, 22, 24, 32, 39, 44, 45, 70(애벌레), 80(번데기)	검정황나꼬리박각시 ········ 12, 46
산제비나비 ········ 11, 38, 46, 64		긴알락꽃하늘소 ········ 26
산줄점팔랑나비 ········ 37	제이줄나비 ········ 65	꼬리박각시 ········ 7, 55, 65
산푸른부전나비 ········ 10	줄꼬마팔랑나비 ········ 56, 59	꼬마꽃등에 ········ 75
산호랑나비 ········ 28, 44, 57	줄나비 ········ 34, 40, 57, 70	꼬마쌍살벌 ········ 47, 75

꽃게거미 ·················· 54, 56	호리꽃등에 ················ 36, 72, 74
꽃등에 ················ 26, 36, 75	호박벌 ···················· 5, 11, 47
꽃하늘소 ···················· 26, 47	
꿀벌 ········ 12, 15, 17, 22, 26, 27, 29, 42, 47, 58, 75	
남색초원하늘소 ···················· 31	
노란띠좀잠자리 ···················· 60	
노랑뿔잠자리 ···················· 22	
뚱보기생파리 ···················· 74	
무당거미 ···················· 37	
무당벌레 ···················· 79	
배자바구미 ···················· 43	
배짧은꽃등에 ···················· 74	
범하늘소 ···················· 26	
베짱이 ···················· 51	
별쌍살벌 ···················· 25, 49	
빌로오드재니등에 ············ 16, 83	
뿔나비나방 ···················· 10, 43	
사마귀(애벌레) ·············· 35, 48	
아기늪서성거미 ···················· 75	
애호리병벌 ···················· 67	
어리호박벌 ···················· 26, 65	
어리황뒤영벌 ···················· 75	
왕사마귀 ···················· 54, 58, 66	
장수말벌 ···················· 52	
좀뒤영벌 ···················· 47	
칠성무당벌레 ···················· 18, 20	
털좀넓적꽃등에 ···················· 14	
풀색꽃무지 ············ 13, 26, 36, 42	
풍이 ···················· 52	
호랑꽃무지 ············ 26, 36, 47	

여느 동네처럼 우리 동네에도 누구나 오르기 쉬운 낮은 산이 하나 있다. 물통 든 사람들이
늘 오르내리는 길가에 어른 키만 한 산초나무가 진달래와 떡갈나무 사이에 몇 그루 있다.
10월 어느 날이었다. 이 산초나무 잎에서 긴꼬리제비나비 애벌레를 세 마리 발견했다.
작은 바람에도 쉴 새 없이 흔들거리는 잎사귀에 애벌레 한 마리가 새똥처럼 붙어 있었다.
그 옆에는 크기가 다른 애벌레 두 마리가 더 있었다. 작업실에서 그림을 그리다가도
애벌레들이 잘 있는지 궁금해지면 몇 일에 한 번씩 가서 확인하고는 했다.
어느새 나뭇잎이 노랗게 물들기 시작했다. 다시 가 보니 아직 다 자라지 못한 애벌레
두 마리가 사라졌다. 하나 남은 애벌레를 더 싱싱한 나뭇잎으로 옮겨 놓았다.
11월 4일, 겨울에 들어서는 아주 쌀쌀한 날이었다. 애벌레는 무사히 진달래 나뭇가지에
매달려 실 감기를 마쳤다. 말할 수 없이 기뻤다. 그런데 더욱 놀란 것은 이틀 후, 새들의
눈에 띄지 않도록 완벽하게 자신의 몸을 감춘 번데기의 위장술이었다.
작고 약하게만 보였던 애벌레에게 이런 능력이 있었다니 들여다볼수록 감탄스러웠다.
수북한 눈을 이고 추운 겨울을 꿋꿋하게 견뎌내는 번데기의 멋진 모습을 상상하며,
어서 함박눈이 내리기만을 기다렸다.
그해 겨울이 지나고 봄이 올 즈음, 서울에도 함박눈이 내렸다. 부푼 마음으로 카메라를
들고 나는 그곳을 다시 찾았다. 하지만 이미 나뭇가지는 텅 비어 있었다. 눈을 한 아름
짊어진 힘겨운 나뭇가지 사이로 새소리만이 더욱 크게 울렸다. 나는 눈을 한 덩어리 뭉쳐서
날아다니는 새들에게 던졌다.
"아무도 찾지 못할 줄 알았는데……."

- 작가 노트 중에서, 2005년 3월 5일 서울 불암산

권혁도

1955년 경상북도 예천 산골 마을에서 태어나 추계예술대학교에서 동양화를 공부했습니다.
1995년부터 지금까지 우리 자연에서 살아가는 동식물을 세밀화로 그리고 있습니다.
쓰고 그린 책으로 《세밀화로 보는 곤충의 생활》, 《세밀화로 보는 호랑나비 한살이》,
《세밀화로 보는 꽃과 나비》, 《세밀화로 보는 나비 애벌레》, 《세밀화로 보는 사마귀 한살이》 등이 있으며,
그린 책으로 《세밀화로 그린 곤충도감》과 《누구야 누구》 등이 있습니다. 여럿이 함께 그린 책으로는
《세밀화로 그린 보리 아기그림책》, 《세밀화로 그린 보리 어린이 동물도감》 등이 있습니다.

권혁도 세밀화 그림책 3
세밀화로 보는 꽃과 나비 권혁도 글·그림

1판 1쇄 펴낸날 2009년 7월 10일 | **1판 6쇄 펴낸날** 2020년 5월 10일
펴낸이 이충호 | **펴낸곳** 길벗어린이㈜ | **등록번호** 제10-1227호 | **등록일자** 1995년 11월 6일
주소 04000 서울시 마포구 월드컵북로 45 에스디타워비엔씨 2F | **대표전화** 02-6353-3700 | **팩스** 02-6353-3702
홈페이지 www.gilbutkid.co.kr | **편집** 송지현 최은영 임하나 이현성 | **디자인** 김연수 송윤정 | **마케팅** 호종민 김서연 황혜민 강경선
총무·제작 임희영 최유리 정현미 | **ISBN** 978-89-5582-091-1 77490 | 978-89-5582-182-6(세트)

글·그림 ⓒ 권혁도 2009 이 책은 저작권법에 따라 보호받는 저작물이므로, 저작권자와 길벗어린이㈜의 허락 없이는 이 책의 내용을 쓸 수 없습니다.

이 책의 국립중앙도서관 출판예정도서목록(CIP)은 서지정보유통지원시스템 홈페이지(http://seoji.nl.go.kr)와
국가자료공동목록시스템(http://www.nl.go.kr/kolisnet)에서 이용하실 수 있습니다. (CIP 제어번호 : CIP2014016182)